GANTNER

Il est étonnant que, parmi l'innombrable cortège des peintres du réel, Bernard Gantner occupe aujourd'hui une place aussi singulière. L'œuvre n'est secouée par aucun vent de révolte, elle ne s'inscrit pas dans la nouveauté ; éloignée des grands courants actuels, le conformisme ne la touche pas. Elle se veut miroir du monde visible, miroir de la nature pour laquelle, à l'instar des maîtres du XIXe siècle, Gantner cultive une vénération sans limite. Il s'adonne corps et âme au paysage ; son existence solitaire et campagnarde le situe au voisinage immédiat des phénomènes naturels qu'il observe inlassablement au fil des saisons d'un œil interrogateur et amoureux.

En peinture, l'amour de la chose observée semble primordial. Si l'interprétation donnée par l'artiste s'en nourrit, elle porte alors en elle une force manifeste capable d'émouvoir… Chez Gantner, c'est encore la nature qui est la grande pourvoyeuse de thèmes propices à l'inspiration. Immense réserve d'exaltation, elle alimente son quotidien de sujets souvent fort simples. Constable recommandait au paysagiste de contempler la nature avec des pensées modestes. Pas de grand spectacle, pas de pittoresque. Étangs caressés par la brume du matin ; hameaux chargés de solitude, endormis sous la neige ; vergers à l'abandon ; lisières de forêts où règnent d'inextricables fouillis de branches ; chemins creux aux trajets incertains ; torrents chahutés de lumière fuyant la pénombre d'un sous-bois ; horizons où les collines lointaines, prisonnières des nuages, se désagrègent dans le ciel en mouvement ; une rivière ; un lac ; la mer parfois ; une rue de village… Voilà l'univers du peintre. Mais en vérité, l'évocation fidèle d'un monde évident ou mystérieux resterait vaine si ne s'ajoutait la grâce. Le mot est jeté. La grâce accompagnée d'un instinct hors du commun nimbe toute son œuvre. Elle nous transporte au-delà du visible et, quel que soit le sujet, la poésie investit sa représentation.

Par quel secret, par quelle magie subtile se réveille l'émotion qui nous comble ? Comment Gantner dépasse-t-il le vide de l'apparence ? Comment naît une si profonde musique d'un monde auréolé de silence ?…

Un dessin pris sur le motif constitue toujours le point de départ de son travail. Presque quotidiennement, une quête discrète de la promesse des lieux le rend pèlerin des campagnes. Il se tient à l'affût de la beauté périssable de chaque instant du jour. Ainsi le trait devient la mémoire d'un sentiment vrai et sincère qui conduira au recueillement de l'atelier. À partir de ces esquisses naîtront des aquarelles ou des peintures à l'huile, traductions exactes de l'impression première. L'élaboration minutieuse des œuvres nécessite temps et patience. Bien que totalement maîtrisée, la technique n'est pas voyante ; elle participe à l'harmonie générale. Gantner fait un usage particulièrement important de matières transparentes pour traduire la palpitation des feuillages ou la fuite d'un lointain. Procédant par superposition de couleurs et de glacis, il crée une surface nacrée infiniment riche en vibrations expressives. Si l'œil du spectateur s'approche au plus près de la toile, apparaît alors un merveilleux chaos insoupçonné, envahi d'abstraction, siège d'une invraisemblable mobilité tellement vivante. L'ennui n'a pas cours. Mais dès que le regard prend de la distance, les détails entrevus si précis se font oublier dans le déploiement de l'ensemble. Au cœur de la peinture, miraculeusement, les éléments épars entrent en relation, des transitions de couleurs s'établissent, les lignes s'ordonnent grâce à la délicatesse du dessin et l'assujettissement aux valeurs. Dès lors le tableau acquiert toute sa lisibilité, sa beauté se dévoile ainsi que, il faut bien le dire, sa force spirituelle. Notre admiration ne va plus à la nature décrite mais à son reflet, surface d'une infinie profondeur où l'esprit se perd. La justesse de la vision nous touche, sa contemplation devient la source d'une émotion intense. Peut-être avons-nous l'intuition d'une réminiscence d'instants vécus, d'observations partagées qui ne subsistent plus qu'à l'état de nostalgique souvenir ? Dépassement de nous-mêmes… Le talent de Gantner est bien de nous transporter dans l'au-delà du paysage, de mouvoir notre être, esprit et sens réunis, vers la plénitude d'un univers si proche du rêve. Advient alors une expérience essentielle dont notre vie ne saurait se passer.

Pierre Gantner
Belfort, juin 2006

The place held today by Bernard Gantner amongst the ceaseless procession of realistic painters is quite remarkable. His work has never been shaken by a wind of revolt nor has it been part of novelty ; far from contemporary trends, it is not affected by conformism. It only mirrors the visible world, the nature for which Gantner, following the example of the XIXth century's masters, has an unfailing veneration. He devotes his body and soul to the landscape. His solitary and rustic life leads him close to natural phenomena that he endlessly observes with an inquisitive and beloving eye as the seasons go by.

In painting, loving what you are observing seems paramount. If the artist fosters his rendering with this love, then it carries a manifest strength able to arouse emotions. Nature also endows Gantner's work with subjects conducive to inspiration. As an immense source of exaltation, nature provides his daily life with often simple subjects. Constable advised the landscape painters to contemplate nature humbly. Neither spectacle nor picturesque, only the ponds caressed by the morning fog, the solitary hamlets drowsy in the snow, the abandonned orchards, the forest edges with an inextricable tangle of branches, the sunken lanes leading in uncertain directions, the water of the torrents avoiding the shade of trees and teased by the play of light, hilly horizons trapped in the clouds and desintegrating within the moving sky, a stream, a lake, sometimes a sea, a village street. This is the world of the painter. Yet, even the accurate evocation of a world, either real or mysterious, would actually remain vain if it did not go with grace. The word is cast. Grace accompanied by an outstanding instinct suffuses his whole work, it carries us away beyond the visible world, and whatever the subject, it is invested with poetry.

What secret, what subtle magic can convey this fulfilling emotion ? How does Gantner. manage to transcend the emptiness of appearance ? How does so deep a harmony originate from a world wrapped in silence ?

The starting point of his work always consists in a sketch of the subject. Almost every day, an unobstrusive search for the promises of the scene makes him a pilgrim in the countryside. He is standing on the look-out for the ephemeral beauty of each moment of the day. Thus his drawing renders the memory of a true and sincere feeling which will lead to contemplation in his painter's studio. The accurate expression of his first impression will originate from these sketches as a water or oil painting. The delicate creation of his works needs time and patience. Though his technique is thouroughly handled, it is never loud but part of the global harmony. Gantner makes a particularly great use of transparent materials so as to render the quivering of the foliage or the vanishing horizon. His process of applying several layers of colours and glaze creates a pearly surface extremely rich in expressive vibrations. Whenever the observer's eye gets closer to the painting a marvellous and unexpected chaos appears, suffused with abstraction and with so lively a mobility that monotony is ruled out. But, as soon as the observer steps back, the details that were so accurate before become absorbed within the whole display. In the heart of the painting, the scattered elements are miraculously related, transitions of colours are set up and the lines are organised thanks to the fineness of the drawing and the respect of values. Therefore, the painting gains in entire clarity, its beauty, as well as its spirituality, become unveiled. We do not admire the description of nature any longer but rather its reflection, the infinitely profound surface in which our minds are lost. We are touched by the accuracy of this vision and our contemplation is a source of intense emotion. Maybe that we have the intuition of reminiscent moments of reality, of mutual observations which have become nostalgic memories, as if we were surpassing ourselves? Gantner's talent actually aims at transporting us beyond the scenery, moving our whole being, mind and senses towards the fullness of a world so close to a dream. Thus happens an essential experience that we could not live without.

Pierre Gantner
Belfort, June 2006

Traduction : Françoise et David Harper

現在を生きる数多くの画家の中にあって、ベルナール・ガントナーが今日、このような特異な地位を占めているのには驚きである。如何なる反旗の風にも揺るがず、新しい芸術活動に加わることもない。現代を支配する潮流からは遠く離れたところにあって、順応主義に影響されることもない。彼の作品が自らに求めようとするのは、目に見える世界の鏡となることであり、１９世紀の巨匠達と同様、ガントナー自身が限りない敬愛の念を抱く自然の姿を映し出すことなのである。彼は身も心も全て風景の中に捧げながら、人里離れた田舎で孤独の内に生きている。様々な自然現象を直視しながら、四季の移り変わりの中で、好奇心と深い愛情のこもった眼差しで飽くことなく凝視し続けるのである。

画家にとって、視線の先にあるものに愛情を持つことが何より肝心だと思われる。画家によってなされる芸術的解釈は、こうした愛情によって育まれているならば、見る人の心を動かす、正真正銘の力強さを備えることになるはずだ。ガントナーの場合、インスピレーションを掻き立てるのに最も適したテーマといえば、それはやはり自然である。人の心を高揚させる底知れぬ源である自然は、日々の出来事の中で様々なテーマを彼に与えてくれる。といっても大抵の場合、非常にシンプルで、些細なことばかりなのだが。コンスタブルも、いつも風景画家に向かって、謙虚な想いと共に自然を眺めるようにと語っていた。大パノラマでもなく、絵のように美しい眺めでもない。朝霧が優しく湖面を撫でる池、孤独に押し包まれ、雪の下に眠る村、うち棄てられた果樹園、絡み合う枝に覆いつくされた森のはずれ、どこ行くとも知れぬ土手に挟まれた道、木陰を逃れ、光との戯れに興じるように流れ下る山の急流、厚い雲に囚われた山々が、遠く、うねるように空の中へと砕け散っていく地平線、川の流れ、名もない湖、そして時には海、村の通り…。彼の宇宙は、まさにこうした自然の風景と共にあるのである。とはいえ、誰の目にも明らかな、それでいて神秘に満ちた世界を忠実にキャンバスの上に呼び起こすという作業は、そこに慈愛に満ちた優しさがなければ空しいままに終わってしまうのかもしれない。言葉が投げかけられる。稀有な才能に伴う慈愛が、彼の作品全てを光の中へと包み込む。こうして、彼の作品を観るものは、目に見える世界を越えたところへと誘われ、テーマの如何にかかわらず、詩的な余韻が表情を与えるのである。

彼の作品を見ているうちに、私たちを一杯に満たしてしまう情感は、一体どんな秘密、どんな技を凝らした魔法によって呼び覚まされるのだろう？一体全体、この画家は、どのようにして見かけだけの空虚さを超越してしまうのだろう？この豊かな響きは、一体どのようにして沈黙に彩られた世界から生まれ出ることができるのだろう？

ガントナーの創作活動は、いつもあるモチーフに基づいたデッサンを描くという作業から始まる。様々な風景の持つ可能性を慎み深く探っていくという姿勢が、彼をしばしば田舎へと足を向けさせる。一日の中で一時一時の見せる儚い束の間の美しさと出会うべく、彼は辛抱強く待ち続ける。そして、引かれたラインの一本一本が、実際に感じた気持ちを誠実に伝える記憶の一端となり、アトリエでの観想のひとときへと繋がっていくのである。こうして描かれたスケッチから、最初の印象をそのままに伝える作品として、幾つもの水彩や油彩が生まれていく。作品を細かな部分にまでこだわって仕上げていくには、多くの時間と粘り強さが必要となる。彼の技術は完璧であるが、それが作品上にあからさまに出てしまうということはない。テクニックさえも、全体の調和のなかに見事に収まっている。ガントナーは、透き通ったマチエールにこだわりを持っており、梢の葉のさざめきや、遠くに聞こえる水の音を表現するのに巧みに用いている。多くの色や画用液を使うことによって、表情豊かな波打つ光に溢れた艶やかな表面が生み出されていくのである。キャンバスのぎりぎりまで近づいて作品を眺めると、そこには突然思いもかけない見事な混沌が現れる。抽象的、観念的なものに満たされたこのカオスは、生き生きとした目を疑うような変化の場であり、観るものを決して飽きさせることがない。ところが、一度視線を遠ざけてみると、あれほど細かく見えていたディテールが、あっという間に全体の広がりの中に姿を消してしまう。作品の真ん中でまるで奇跡のようにバラバラだった幾つものエレメントが繋がり合い、変化し、移り行く様々な色が姿を顕わにし、ラインは、繊細に施されたデッサンと、一本一本に与えられた効果を尊重することでまとまりを帯びてくる。こうして初めて作品はその意味を理解することを可能にし、その美しさと共に、精神性の高さを自ら明らかにするのである。私たちが感嘆するのは、もはや単に描かれた自然の美しさなのではない。その反映なのであり、魂が迷ってしまうほど限りない奥行きを持った２次元の世界なのである。ヴィジョンの確かさには感服し、これを静かに眺めることによって、濃密な情感の源を得ることになる。もしかしたら、私たちは生きてきた一瞬一瞬の漠然とした記憶や、郷愁に満ちた思い出としてしか残ることのない、誰にも共通した気持ちを直感として持っているのではないだろうか？私たち自身を越えること・・。ガントナーの豊かな才能は、自然の風景を超えたところへと私達を連れ去り、私たちの存在を、魂を、そして感覚の全てを、夢のすぐ間近に広がる宇宙の最高の高みへと運んでくれる。彼の作品に触れることは、もはやそれなしでは生きることの出来ない根源的な体験なのである。

ピエール・ガントナー
2006年6月、ベルフォールにて

翻訳: 平田美智子

aquarelles

Chemin enneigé, 2006 / 38 x 28

Trois maisons sous la neige, 2006 / 38 x 28

Torrent en Haute-Saône, 2006 / 38 x 28

Village sous la neige, 2006 / 38 x 28

Matin d'hiver, 1979 / 28 x 19

Le hameau en hiver, 1994 / 47 x 34

Neige au crépuscule, 2005 / 38 x 28

Entrée de village, 2006 / 28 x 38

Torrent dans la forêt, 2006 / 44 x 38

L'arbre en fleurs, 2006 / 38 x 28

Terrasse au bord du lac Léman, 1998 / 28 x 38

La meule de foin, 1977 / 40 x 18

dessins

Bassin japonais, 2002 / 30 x 42

Vosges, 2006 / 42 x 30

Village de montagne, 2006 / 30 x 42

Le Rahin, 2006 / 30 x 42

Bosquet au bord de l'étang, 2006 / 42 x 30

huiles

Le Rahin, 1998 / 150 x 150

Étang du Territoire, 1975 / 100 x 65

Cascade dans les Vosges, 1970 / 162 x 129

Auxelles-Haut, 1976 / 146 x 97

Pont sur le Rahin, 1998 / 130 x 97

Inondation en bord de Saône, 1972 / 115 x 81

Jantner

Les terrasses de Chens-sur-Léman, 1975 / 130 x 89

Le pont du diable, 1980 / 97 x 146

Le torrent en crue, 1992 / 115 x 89

Défilé du Drac, 1989 / 130 x 97

Moulins en Hollande,
1978 / 195 x 114

Le lierre, 1978 / 146 x 114

Le banc abandonné, 1990 / 150 x 150

Montagnes en Savoie, 1990 / 162 x 130

Le château de Chillon, 1979 / 146 x 114

La vieille ferme, 1985 / 93 x 73

Les petits sabots, 1987 / 54 x 65

Sélestat, 1981 / 146 x 97

Porto Venere, 1992 / 130 x 97

La Spezia, 1992 / 81 x 66

Concarneau, la ville close, 1977 / 162 x 130

Camaret au ciel rose, 1977 / 146 x 97

Dieppe, 1975 / 130 x 97

Vue générale d'Anvers, 1968 / 100 x 73

Lever de soleil sur les Alpes, 1994 / 89 x 116

Auxelles-Haut sous la neige, 2002 / 73 x 54

Lever de soleil hivernal, 2002 / 73 x 60

Étang gelé, 1996 / 92 x 73

Givre dans le vallon, 1993 / 146 x 114

Dégel en Savoie, 1993 / 73 x 99

Aurore hivernale, 1993 / 80 x 65

Village du Doubs sous la neige, 1970 / 130 x 89

Matin d'hiver, 1998 / 130 x 89

Grand froid, 2001 / 115 x 81

Le lac Léman, 1991 / 100 x 81

Lachapelle-sous-Chaux, 1993 / 130 x 89

La forêt en hiver, 1993 / 54 x 65

Plancher-les-Mines, 1991 / 116 x 89

Ferme alsacienne en hiver, 1975 / 54 x 73

Jantner

Les Préludes, 1978 / 100 x 81

La grande forêt, 1969 / 115 x 195

Crépuscule dans les marais, 1968 / 130 x 162

La plaine d'Alsace, 1965 / 114 x 146

Vallée vosgienne, 1970 / 114 x 146

Grande plaine, 1978 / 130 x 89

Vosges et nuages, 1973 / 116 x 81

La vue des Alpes, 1966 / 146 x 114

L'atelier, 1967 / 116 x 89

Bernard GANTNER naît le 16 août 1928 à Belfort. Dès l'enfance, il manifeste une passion particulière pour le dessin. Le conservateur du musée de sa ville natale, Léon Delarbre, l'initie alors aux techniques de la peinture à l'huile. Pour parachever sa formation, il se rend à Paris et fréquente l'académie de *la Grande Chaumière*. Après avoir montré ses travaux en province, sa première apparition parisienne a lieu à la galerie Saint-Placide en juillet 1952. À partir de ce moment se succèderont plusieurs centaines d'expositions en Europe, Amérique du Nord et du Sud, en Asie...

15 ouvrages de bibliophilie portent sa signature en tant qu'illustrateur et plus de 550 lithographies le font connaître d'un large public.

En 1993, avec son épouse Marie-Hélène, il construit à Lachapelle-sous-Chaux un musée pour abriter ses collections archéologiques et rendre accessibles ses réserves personnelles. Le bâtiment s'inscrit dans un vaste domaine composé, de cascades, de jardins japonais, d'un arboretum et d'un parc animalier.

Bernard GANTNER was born on the 16th of August 1928 in Belfort. From an early age, he showed a particular enthousiasm for drawing. He was introduced to the techniques of oil painting by Léon Delarbre, the local museum curator at the time, and in order to complete his training, he went to Paris where he attended classes at *the Grande Chaumière* academy. After his works had been shown in the provinces, his first Parisian exhibition took place at the gallery Saint-Placide in July 1952. From this starting point, several hundreds exhibitions in Europe, North and South America and Asia have followed.

Fifteen books of bibliophilism have been illustrated by him and more than five hundred and fifty lithographs have made him widely known to the public.

In 1993, together with his wife Marie-Hélène, he built a museum in Lachapelle-sous-Chaux to house his collection of archeological artefacts and to make works of art from his personal reserves publicly accessible. The building is set in a vast estate containing ponds, streams, waterfalls, Japanese gardens, an arboretum and an animal park.

ベルナール・ガントナー 1928 年8月16日ベルフォール生まれ。幼児期からデッサンへの情熱と画才をあらわす。ベルフォール美術館学芸員のレオン・ドラルブル氏の指導のもとで油彩画を学ぶ。その後、パリのアカデミー・グランシュミエールにて絵画の技術を完成させる。地方での絵画発表活動を経て、1952年7月にサン=プラシッド・ギャラリーにて、パリでの初個展を開催。その後の欧米、アジアなどでの個展は数百回にわたる。

現在までに制作されたサイン入り挿画本15種類、リトグラフ550種類は多くの人々の目に触れるきっかけとなる。

1993年にはマリー=エレーヌ夫人とラ・シャペル・スー・ショーに私設美術館を開設し、ガントナーの古美術コレクションや絵画を展示する。美術館は数々の池小川、滝、日本庭園、動物園などが配置された、壮大な緑に覆われた私有地に隣接する。

index

Aquarelles

Dessins

Huiles

Conception photographique : Michel Gantner
Photographie page 163 : Elaine Bourne †

Traductions japonaises Michiko Hirata

Achevé d'imprimer
en Octobre 2006
sur les presses de l'Imprimerie Schraag
90300 Valdoie

Dépôt légal : 4e trimestre 2006
N° imprimeur : 0691339

N° ISBN : 2-9528046-0-5
978-2-9528046-0-8